INSTRUCTION

SUR LA

MÉTHODE NATURELLE DE LECTURE,

PAR LAQUELLE

On sait Lire dès que l'on sait l'Alphabet.

Nota. Let 22 premiers articles contiennent l'explication des signes de la méthode : les autres, les instructions nécessaires. L'article 54 contient la prononciation *parlée.*

ART 1er $=$ signifie égale, est égale à, égalité.....

2. $+$ id. plus.

3. $-$ id. moins, ou bien, nul pour la prononciation.

4. c. id. colonne.

4bis v. c. id. voir colonne.

5. v. art. id. voir articles.

6. eu: $\begin{cases} = e & \text{partout, excepté dans le verbe avoir.} \\ = u & \text{dans le verbe avoir.} \end{cases}$ c 2, 25 à 38, 44.

7. œ: $\begin{cases} = \acute{e} & \text{devant un mouvement : Œdipe, œsophage, fœtus.} \\ = e & \text{devant un son : œil, œuf, cœur, sœur, vœu, œillade, bœuf.} \end{cases}$ c. 3, 36.

8. y: $\begin{cases} = \text{un i} & \text{au commencement et à la fin des mots: yeux, Yonne, Joigny, Dey, Bey et dans les mots après un mouvement : symétrie, style, Pylade, mystère.} \\ = \text{deux i} & \text{dans les mots, après un son : pays, moyen, Doyen.} \end{cases}$ c. 7.

9. c: $\begin{cases} = k & \text{devant a, o, u} \\ = \text{ç} & \text{id. e, i, } ou\text{ y} \end{cases}$ (Nota. Le signe $=$ p'acé à gauche de c, k, q (c. 10), indique que c (première prononciation), k, q, se prononcent pareillement.) C. 10

10. g: $\begin{cases} = \text{gu} & \text{id. a, o, u} \\ = \text{j} & \text{id. e, i, } ou\text{ y} \end{cases}$ c. 10.

11. s: $\begin{cases} = \text{ç} & \text{quand il n'est pas entre deux sons.} \\ = z & \text{id. il est entre deux sons.} \end{cases}$ c. 10.

12. t: signifie que ti $=$ ti *ou* çi (c. 10, 51) : ti dans les verbes et après s : nous inventions, nous no-

tions, nous mentions ; gestion, digestion, mix-
tion (x = kç); çi, ailleurs.

13. x: = kç, gu + z, çç, *ou* z. (v. c. 10, 34.)

14. ch: = ch et quelquefois k. (v c. 10, 34, 35. 54.)

15. gn: = gn   id.   gu + n. (v. c. 10, 35, 54.)

16. Les 1er, 2e, 3e et 4e points indiquent les 1re, 2e, 3e et 4e prononciations dont il vient d'être parlé art. 6 à 15; le dard d'une flèche *partant du 2e point* de c, de g, et de s, indique la 2e prononciation de c, de g, devant e, i ou y et de s entre deux sons; en effet, ce dard aboutit à ç, j, z. On fera remarquer que le signe = est placé entre le point supérieur de g, s, et gu, ç (c. 10, 11) parce que c'est la 1re prononciation de g, s, indiquée par ce point, qui est égale à celle unique de gu, ç. (v. art. 9, 10, 11.)

17. Le signe () placé dans la c. 12 signifie que les mouve-ments qui sont immédiatement en face à droite et à gauche peuvent et doivent être prononcés avec bruit. v. art. 33, 54.

18. L'absence de ligne horizontale noire entre h et H (c. 12 et 13) indique que ce mouvement est toujours, oui toujours muet.

19. L'existence de cette ligne (c. 12 et 13) entre les autres mouvements minuscules et majuscules (c. 10 à 15) indique le contraire, c'est-à-dire, que ces mouvements ne sont point muets au commencement des mots et dans les mots. Mais à la fin des mots ils sont généralement muets : c'est ce qu'indique cette ligne noire, en blanc à la fin et à droite.

20. Le point placé au bas des c. 20, 22, 23, 27 à 32, signifie: point de difficulté dans ces colonnes : les lettres s'en pronon-cent comme c. 1 à 15; seulement c. 22 $\left\{\begin{array}{l}\text{im} = \text{i} + \text{m } ou \text{ heim}\\ \text{in} = \text{i} + \text{n } ou \text{ hein}\end{array}\right\}$ v. c. 48; un 2e point, l'inférieur, désigne cette 2e valeur; le point supérieur indique la 1re. Toutes remarques à faire aux Elèves auxquels on dira que la 1re valeur a lieu quand m, n, sont suivis d'un autre m, n, et que la 2e a lieu quand m, n, sont suivis de tout autre mouvement.

21. On dit : le chiffre 19 placé au bas de la c. 21, indique que tout est difficulté dans cette colonne : car e ne se prononce jamais e ; il se prononce è partout, excepté aux lignes 6 et 19, où eh, ez = é, un point l'indique, v. c. 47. En outre, voici une 2e prononciation et même une 3e indiquées par un 2e et 3e points :

:em = è+m *ou* a+m: c'est très-souvent a+m. (v.c.42.)

:en = è+n *ou* a+n: id.   a+n. (v.c.43.)

:er $\left\{\begin{array}{l}= \text{è} + \text{r} \quad \text{au commencement des mots et dans les mots,}\\ = \text{è} + \text{r ou é} \quad \text{à la fin des mots.}\end{array}\right\}$ v.c.45.

:es $\begin{cases} = \text{è}+\text{s} \\ = \text{é} \\ = \text{e} \end{cases}$ au commencement des mots et dans les mots. / à la fin des mots de trois lettres. / id. de plus de trois lettres. $\Big\}$ v. c. 46.

:et $\begin{cases} = \text{è}+\text{t} \\ = \text{é} \end{cases}$ partout, excepté dans le mot et / dans le mot et. $\Big\}$ v. c. 47.

22. 1 signifie une difficulté dans les c. 24, 25, 26, au bas desquelles est placé ce chiffre ; un point indique cette difficulté qui est que : um $=$ om ; que ail $=$ a$+$il ; eil $=$ è$+$il. v. c. 49, 50, 51 ; dire en outre que u (c. 24 ligne 11) se prononce nasalement dans le mot UN *seulement*.

23. Il va sans dire, que, pour les c. 20 à 32, nous entendons parler de a, e, i, o, u ; ai, ei, oi, au, ou, eau, eu, œ, allant avec le mouvement placé après et formant syllabe avec lui ; il faut le dire et répéter suffisamment aux Élèves. v. art. 57.

24. Dire et répéter suffisamment que les sons placés dans le même carré, c. 1 à 9, se prononcent pareillement ; ceci aidera, facilitera beaucoup.

24 bis. La Méthode Naturelle n'admet pas ce que les Grammairiens appellent voyelles nasales, savoir : an, on, etc. que l'on ne peut appeler voyelles, puisque c'est un composé de voyelle et de consonne (1) Elle admet seulement qu'il y a deux consonnes nasales, savoir : m, n. Voilà tout. Toutefois, v. art. 20, 22, 33, vers la fin. De plus, elle n'admet que les 9 sons accompagnés d'un chiffre : c. 1 à 9.

25. La méthode naturelle considère, avec raison, les 25 lettres alphabétiques, comme un musicien les notes : pour le musicien les notes sont, partout et toujours, comme dans la gamme ; par la méthode naturelle les lettres de l'alphabet sont, partout et toujours, comme dans le débit. Pour le lecteur, ces lettres sont, en effet, comme des notes plus ou moins sonores, quelquefois muettes, quelquefois presque muettes.

26. Par cette méthode, tout Commençant sait lire, dès qu'il sait les lettres de l'alphabet, car ELLE LES APPREND COMME ON LES PRONONCE QUAND ON LIT ET PARLE ÉLÉGAMMENT. Les Commençants n'ayant nul besoin de savoir le nom des lettres, la méthode naturelle se borne à leur en apprendre la valeur *parlée*.

27. TROUVER LA PRONONCIATION *parlée* DES LETTRES, tel était le problème cherché en vain jusqu'à ce jour. La méthode naturelle en contient enfin la solution. Il n'y a toutefois nul mérite

---

(1) En effet, dans : mon ami, certain auteur, on prononce mo nami, certai nauteur....

en cela, car c'est la chose du monde la plus simple et la plus facile.

28. Ceci est et paraîtra Naturel, Simple et Nouveau, mais ne surprendra personne, car nul n'ignore que : QUICONQUE SAIT LIRE, SAIT L'ALPHABET ET RIEN QUE CELA.... (1). Seulement, on sera étonné, peut-être, qu'elle n'ait pas été trouvée plutôt, la méthode naturelle de Lecture qui rend facile, très-facile même, l'enseignement de l'art que *Duclos* disait être le plus difficile de tous, et que *J.-J. Rousseau* s'étonnait d'avoir pu apprendre.... Heureux si nous avons réussi!!

29. La Méthode Naturelle de Lecture est appliquée à l'Enseignement de la lecture du français; mais le principe sur lequel elle repose pourra, très-probablement, être appliqué aux autres langues vivantes.

3o. La Méthode Naturelle sera bientôt seule employée de préférence, parce qu'elle a et offre le grand et précieux avantage d'*épargner beaucoup de temps, de peine et de dégoûts; et d'apprendre, en même temps que la Lecture, l'Écriture et le mécanisme de l'Orthographe*. ... Ceci est si vrai que tout Élève entendant prononcer un ou plusieurs mots, prononce (prononciation parlée), montre et écrit immédiatement sans faute, peine, ni travail, naturellement et avec assurance, dès la 26ᵉ leçon, toutes les lettres qui le ou les composent : résultat Naturel, immense et prévu de la Méthode, tellement forcé qu'il est impossible à l'Élève de se tromper et de donner un autre résultat : seulement, il pourra prononcer, montrer et écrire f pour ph, è pour ai, e pour eu, en pour an, et réciproquement; mais bientôt, quand il aura l'oreille un peu plus exercée, un peu plus d'usage et d'exercice, il ne fera plus toutes ces fautes : mais ce résultat même, n'est-il pas précieux? n'est-il pas un vrai et notable progrès?. ...

31. La Méthode Naturelle appelle { Sons, les voyelles / Mouvement, les consonnes } pour être conséquente avec elle-même et mériter son titre. En effet, quand on lit et parle, on produit des sons et des mouvements.

32. Les sons sont prononcés sans mouvement visible.

33. Les mouvements sont prononcés avec un ou plusieurs mouvements des organes visibles de la parole; (voilà pourquoi nous les appelons mouvements); les uns, avec un bruit sensible à l'oreille; (ce bruit ne nuit point à la prononciation du son qui suit); les autres, sans aucun bruit sensible à l'o-

---

(1) C'est cette considération, cette vérité, qui a fait chercher et découvrir la Méthode Naturelle de Lecture ou prononciation *parlée* des lettres de l'alphabet.

reille : le signe O placé dans la c. 12 indique les mouvements à bruit sensible, v. art. 17. 54.

Les mouvements à bruit sensible participent donc du son? c'est une question que nous laisserons à résoudre et dont la solution, nous importe peu, car quelle qu'elle soit, elle ne peut rien contre un fait naturel, incontesté, incontestable.

34. On apprend à unir les sons aux mouvements et les mouvements aux sons, en transportant 1° les sons de la c. O (v. art. 37) devant ou après les mouvements des c. 10 à 19; 2° les mouvements des c. 00,000, (v. art. 37) devant ou après le contenu aux c. 1 à 19, 20 à 32.

35. On unit $\begin{cases} \text{un Mouvement à un Son} \\ \text{un Son à un Mouvement} \end{cases}$ par une seule et même émission de voix; exemples : ra, ar; so, os; on, no; or, ro; oir, roi; ouc, cou; dans le 1er exemple, le mouvement r roule jusques sur le son a; dans le 2e, le son a dure ou vibre jusques sur le mouvement r; dans le 3e, le mouvement s siffle jusques sur le son o; dans le 4e, le son o dure jusques sur le mouvement s; dans le 5e, le son o dure jusques sur le mouvement NASAL n; etc., etc.

36. La Méthode, composée de 55 colonnes compris les exercices, contient 1° l'alphabet en lettres minuscules et majuscules; 2° des mots en lettres minuscules et majuscules, afin que nos Elèves apprennent tout cela en même temps, et qu'ils ne soient pas comme la plupart, la totalité des Commençants qui, alors qu'ils savent lire les lettres minuscules et les mots écrits avec ces lettres, ne peuvent lire les lettres majuscules ni les mots écrits avec des majuscules, sans faire un nouvel apprentissage; 3° un alphabet et des mots en italiques, un alphabet et des mots en écriture anglaise, dont on ne parlera aux Elèves que le plus tard possible et alors seulement que tout le reste sera bien su par eux.

A proprement parler, les 15 premières colonnes comprennent toute la Méthode; les 40 autres ne sont que des exercices gradués et méthodiques. *Néanmoins on collera bout à bout les feuilles dont se compose la Méthode de manière que le chiffre inscrit dans l'en tête de chaque colonne corresponde et soit sur la même ligne droite.* Toutefois si l'on aimait mieux la Méthode en deux parties placées l'une au-dessous de l'autre, on collerait la 1re feuille à la 2e, et la 3e à la 4e.

37. On fixe la Méthode à un mur, sur un chevalet ou autrement, après que l'on en a retranché les c. 0,00,000 que l'on colle : la c. 0, sur une planchette bien mince de bois, de baleine, de carton, ou d'autre nature; les c. 00,000, sur les deux faces d'une autre planchette. Le bas de la planchette un peu plus long que la colonne, sert de poignée. On devine

que pour faire usage de la planchette, il faut la prendre par
la poignée, mettre en rapport ses parties avec les parties des
c. 1 à 32 que l'on veut réunir, et montrer ces différentes parties avec la main gauche tandis que la droite tient et fait
mouvoir la planchette selon les besoins.

38. La personne qui démontre parle la première jusqu'à
ce que les Elèves puissent le faire sans guide; elle fait répéter
à chaque Elève à son tour ce qu'elle a dit , mais soit qu'elle
parle, soit qu'elle fasse répéter, elle montre toujours avec
une baguette. Toutefois quand l'Elève n'aura plus nul besoin
de guide pour ce qu'il va lire, on lui remettra une baguette
pour qu'il démontre. Lorque l'alphabet est su, il y a tel cas
où l'emploi de plusieurs baguettes numérotées 1, 2, 3, ou de
plusieurs coups de la même baguette numérotés 1, 2, 3, est
d'une lumineuse utilité; par exemple, lorsque l'on veut marier
plusieurs lettres ou plusieurs réunions de lettres isolées dans
les c. 0,00,000, 1 à 32, les réunir par la pensée et par la ou
les baguettes ou bien leurs coups pour en former un ou plu-
sieurs mots. . . . .

39. La personne qui démontre parlera des lettres finales
qui se lient au mot suivant, et de la ponctuation , quand elle
aura fait passer les Elèves à la lecture courante du livre dont
il est parlé ci-après 31ᵉ leçon, v. art. 19.

40. On range tous les élèves en face de la Méthode, d'abord
comme l'on veut ; mais aussitôt qu'un Elève se montre plus
fort qu'un autre qui occupe un rang supérieur, on les fait
changer de place, par droit du plus fort ; de cette manière, ils
se classent d'eux-mêmes selon leurs forces. Ce moyen est
un excellent stimulant, si on le sait bien employer. On
reconnaît que le 2ᵉ Elève mérite la 1ʳᵉ place, lorsqu'il
répète alors que le 1ᵉʳ n'a pu le faire et ainsi de suite; mais
il ne faut rien outrer. Les Elèves ne devant parler qu'à leur
tour, *les souffleurs ne sont point tolérés.* L'arrangement le plus
convenable est celui en amphithéâtre, mais l'on peut en
adopter un autre quelconque sans inconvénient.

41. Pour que l'Ecriture ne puisse nuire à la Lecture, on
fera écrire depuis la 1ʳᵉ leçon jusqu'à la 17ᵉ (c'est-à-dire, jusqu'à ce que les sons et les mouvements *finement* soient sus ,
v. art. 54), sans dire la *prononciation parlée*, ni rien autre, des
lettres que l'on fera tracer; quant au nom des lettres, nous
avons déjà dit, qu'il n'en sera jamais question , c'est inutile
ici. L'Ecriture de ces dix-sept premières leçons sera donc
purement mécanique et aura uniquement pour but d'exercer la main. A partir de la 18ᵉ leçon seulement, on dira la
prononciation parlée des lettres que l'on donnera à tracer, parce
qu'alors les Elèves sachant déjà l'alphabet imprimé , il n'y

aura pas d'inconvénient à leur dire cette prononciation qu'ils auront peut-être déjà devinée.

42. Tous les Elèves, même les plus jeunes et les moins intelligents, saisissent et retiennent parfaitement et comme par enchantement tous les plus minutieux détails et signes de la Méthode; ils en font tous une application prompte, facile, surprenante même. On ne craindra donc point de ne pas être compris en les leur expliquant. Seulement suivre l'ordre indiqué par les leçons.

43. D'ailleurs, un Elève des plus forts fera *piocher*, c'est-à-dire, travailler pendant la récréation, l'Elève ou les Elèves faibles ou Commençants afin qu'ils puissent atteindre et suivre les plus forts.

44. Quand un mot arrêtera un Elève, le lui faire deviner au moyen des deux planchettes et des c. 1 à 32; le ramener ensuite au mot qui l'arrêtait et qui ne l'arrêtera plus ; il faudra toujours lui laisser le mérite de deviner et ne jamais lui dire un mot; mieux vaudrait le ramener aux premiers principes que de lui dire un seul mot. Si, après avoir donné le temps suffisant, il ne peut deviner (chose impossible, à moins qu'il ne se trouble), faire deviner par un autre Elève inférieur qui, dans ce cas, prendra la place de l'Elève en défaut ou troublé, ainsi convenu, art. 40.

45. Règle Générale. Ne quitter un Exercice que lorsqu'il est su dans tous les sens possibles. Quand un Elève est faible sur un son ou sur un mouvement, le lui montrer dans une foule d'autres colonnes, sur la même ligne et sur d'autres lignes, jusqu'à ce qu'il soit fort et qu'il sache d'une manière imperturbable.

46. 1re Leçon. 1er quart d'heure, après avoir lu art. 24, on dit : (en montrant lignes 10, 9, c. 1 à 9).

1er Exercice. 1° a A	chaque Elève à son tour répète *idem*.	Il pourra être utile de dire ici que les chiffres placés sous les lignes 7 et 10 c. 1 à 9, indiquent qu'il n'y a que 9 sons et que ces chiffres les désignent, qu'il n'en resterait que 7 si l'on ne comptait que pour un les 2e, 3e et 4e qui sont de la même famille.
2° e E	id...........................	
3° é É	id...........................	
4° è È	id...........................	
5° ê Ê	id...........................	
6° i I	id...........................	
7° y Y	id...........................	
8° o O	id...........................	
9° u U	id...........................	

autant de fois que possible pendant ce quart.

On prononcera, on fera prononcer y Y comme i I et non pas i grec; e E, comme à la fin du mot *monde*.

47. 2e quart, après avoir lu art. 1, et le nota de l'art. 9, on dit :

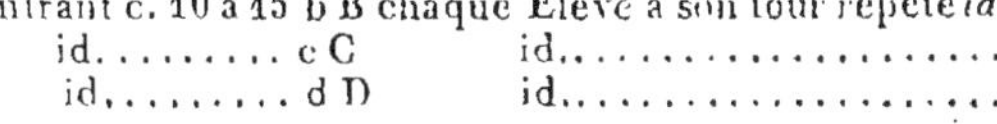

2e Ex. 1° be en montrant c. 10 à 15 b B chaque Elève à son tour répète *id.*
2° ke ce   id.......... c C   id........................
3° de te   id.......... d D   id........................

4° fe fe fe fe	id.......... f ph F PH	id..........................
5° gue gue gue gueid.......... g gu G GU	id..........................
6°	id.......... h H	id.......................... (1).
7° je je	id.......... j J	id..........................
8° ke ke	id.......... k K	id..........................
9° le le	id.......... l L	id..........................
10° me me	id.......... m M	id..........................
11° ne ne	id.......... n N	id..........................
12° pe pe	id.......... p P	id..........................
13° ke ke ke ke	id.......... q qu Q QUid..........................
14° re re	id.......... r R	id..........................
15° çe çe çe çe	id.......... s ç (2) S Ç id..........................
16° te te	id.......... t T	id..........................
17° ve ve	id.......... v V	id..........................
18° kçe kçe	id.......... x X	id..........................
19° ze ze	id.......... z Z	id..........................
20° che che	id.......... ch CH	id..........................
21° gne gne	id.......... gn GN	id.......................... (3).

autant de fois que possible. 3ᵉ quart, comme le 1ᵉʳ ; 4ᵉ comme le 2ᵉ.

48. 5ᵉ quart, faire écrire en gros (2 centimètres de hauteur) avec crayon sur ardoise ou sur papier, v. art. 41 ; avec crayon, parce que c'est plus commode pour des Commençants.

49. Dire et répéter suffisamment : on tient la plume ou le crayon avec trois doigts, le corps près de la table, les coudes près du corps ; point de raideur ; voilà tout : c'est bien facile.

50. Quand un élève hésite sur le 2ᵉ exercice, le mettre sur la voie en disant vivement et comme si l'on voulait le gronder et l'apostropher :

Vache.. veau.. taureau.. bœufs..........	be	pour b B.	
Tête.. queue de cheval.. queue..........	ke	c C.	(4)
Un et un font?.. répondez...deux......	de	· d D.	
Flamme.. soleil.. fusil.. en joue.. feu.....	fe	f ph F PH.	
Polisson.. mendiant.. gueux..........	gue ...	g gu G GU.	
Sifflement de serpent.. récréation.. jeu ...	je	j J.	
Tête.. queue de cheval.. queue..........	ke	k K.	(4)
Beaucoup,. beaucoup.. ou peu..........	pe	p P.	
Tête. queue de cheval. ou cheval seulement	ke	q qu Q QU.	(4)
Tambour.. roulement.. roulez-donc?.....	re	r R.	
Sifflement de la meule qui aiguise........	çe	s ç S Ç.	
Glissez.. bruit de glissement..........	ze	z Z.	
Sifflement pour faire taire.. silence.......	che ...	che CH.	

2ᵉ et 3ᵉ Leçons, comme la 1ʳᵉ.

51. 4ᵉ Leçon. 1ᵉʳ quart, après avoir lu art. 24, on dit tout d'un trait : (en montrant lignes 10, 9, c. 1 a 9.)

---

(1) Ici on dit : ce mouvement est toujours muet, et grondé sera qui parlera ; plus tard, on dira que dans certains mots il fait prononcer du gosier le son qui le suit.

(2) Ç = S car Ç est un composé de deux demi-cercles comme S.

(3) Comme à la fin du mot *champagne*.

(4) Pour ces trois lettres, on ne dira plus, après deux ou trois leçons, que *cheval*.

3ᵉ Exercice : a, A ; e, E ; é, É ; è, È ; ê, Ê ; i, J ; y, Y ; o, O ; u, U ; chaque Elève, à son tour, répète id. autant de fois que possible. 2ᵉ quart, 2ᵉ exercice dans plusieurs sens. *Nota.* Mais quand on

arrivera à c, g, on dira :..
$$\begin{cases} \text{pour c :} \begin{cases} \text{ke devant a, o, u ;} \\ \text{ce id. e, i } ou \text{ Y ;} \end{cases} \\ \text{pour g :} \begin{cases} \text{gue id. a, o, u ;} \\ \text{je id. e, i } ou \text{ Y ;} \end{cases} \end{cases}$$

chaque Elève, à son tour, répétera id.

On fera remarquer suffisamment que le dard d'une flèche indique cette 2ᵉ prononciation qui est représentée aussi par un 2ᵉ point l'inférieur d'où part la flèche ; le point supérieur représente la 1ʳᵉ prononciation ke, gue ; v. art. 16.

3ᵉ quart, comme le 1ᵉʳ ; 4ᵉ, comme le 2ᵉ ; 5ᵉ, comme à la 1ʳᵉ leçon.

5ᵉ Leçon, comme la 4ᵉ.

52. 6ᵉ Leçon, 1ᵉʳ quart, on dit tout d'un trait : (en montrant lignes 10, 9, 7, 6, c. 1 à 9).

4ᵉ Exercice : a, A ; e, E, eu, œu ; é, É, œ ; è, È, ai, ay ; ê, Ê, ei, ey ; i, J, oi ; y, Y, oy ; o, O, au, eau ; u, U, ou, oui ;

chaque Elève, à son tour, répète id. autant de fois que possible.

2ᵉ quart, 2ᵉ exercice tout d'un trait et nota de la 4ᵉ leçon.

3ᵉ Id., comme le 1ᵉʳ ; 4ᵉ, comme le 2ᵉ ; 5ᵉ, faire écrire demi-gros avec crayon sur papier ou sur ardoise.

7ᵉ Leçon, comme la 6ᵉ.

8ᵉ Leçon, 1ᵉʳ quart, 4ᵉ exercice.

      2ᵉ   id.   comme à la 6ᵉ leçon.

      3ᵉ   id.   4ᵉ exercice dans plusieurs sens.

      4ᵉ   id.   comme le 2ᵉ.

      5ᵉ   id.   id. à la 6ᵉ leçon.

53. 9ᵉ Leçon, 1ᵉʳ quart, après avoir lu art. 24, on dit tout d'un trait : (en montrant lignes 10, 9, 7, 6, 4, 3, 2.)

5ᵉ Exercice : a, A, ia ; e, E, eu, œu, ieu ; é, É, œ, ié ; è, È, ai, ay, iè, iai, iay ; ê, Ê, ei, ey, iè, iei, iey ; i, J, oi, ioi ; y, Y, oy, ioy ; o, O, au, eau, io, iau, ieau ; u, U, ou, oui, iu, ui.

chaque Elève, à son tour, répète id. autant de fois que possible.

2ᵉ quart, 2ᵉ exercice tout d'un trait et dans tous les sens et nota de la 4ᵉ leçon.

3ᵉ quart, comme le 1ᵉʳ ; 4ᵉ, comme le 2ᵉ ; 5ᵉ, comme à la 6ᵉ leçon.

10ᵉ Leçon, comme la 9ᵉ.

11ᵉ Leçon, 1ᵉʳ quart, 5ᵉ exercice dans tous les sens.

2ᵉ	id.	comme à la 9ᵉ leçon.
3ᵉ	id.	id. le 1ᵉʳ.
4ᵉ	id.	id. le 2ᵉ.
5ᵉ	id.	id. à la 6ᵉ leçon.

12ᵉ, 13ᵉ et 14ᵉ Leçons, comme la 11ᵉ.

15ᵉ Leçon, 1ᵉʳ quart, 5ᵉ exercice dans tous le sens.

54. 2ᵉ quart, on dit tout haut à l'Elève ou aux Élèves : jusqu'à présent nous avons prononcé *grossièrement* les mouvements. En commençant, nous ne pouvions mieux faire ; mais aujourd'hui que nous avons ébauché l'œuvre, nous devons penser à la perfectionner ; c'est ce que nous allons faire...... A partir de ce jour, nous ne prononcerons donc plus *grossièrement* les mouvements : nous les prononcerons *finement ;* c'est-à-dire, comme on les prononce quand on lit et parle élégamment. Pour atteindre à ce but, nous aurons fort peu à faire : nous n'aurons qu'à supprimer le son *e* que nous avions *ajouté* jusqu'ici après chaque mouvement : rien n'est plus facile. .. Ainsi, au lieu de dire :

6ᵉ Exᶜᵉ :			
be be	disons be be	moins e e	pour b B c. 10 à 15
ke *ou* çe, ke *ou* çe	id. ke *ou* çe, ke *ou* çe	id. e e e e	id. c C (1)
de de	id. de de	id. e e	id. d D
fe fe fe fe	id. fe fe fe fe	id. e e e e	id. f ph F PH
{ gue *ou* je, gue ; } { gue *ou* je, gue ; }	id. { gue *ou* je, gue ; } { gue *ou* je, gue ; }	id. { e e e } { e e e }	id. g gu G GU (1)
			id. h H
je je	id. je je	id. e e	id. j J
ke, ke	id. ke ke	id. e e	id. k K
le le	id. le le	id. e e	id. l L
me me	id. me me	id. e e	id. m M
ne ne	id. ne ne	id. e e	id. n N
pe pe	id. pe pe	id. e e	id. p P
ke ke ke ke	id. ke ke ke ke	id. e e e e	id. q qu Q QU
re re	id. re re	id. e e	id. r R
{ çe *ou* ze, çe ; } { çe *ou* ze, çe : }	id. { çe *ou* ze, çe ; } { çe *ou* ze, ce ; }	id. { e e e } { e e e }	id. s ç S Ç (1)
te te	id. te te	id. e e	id. t T
ve ve	id. ve ve	id. e e	id. v V
kçe kçe	id. kçe kçe	id. e e	id. x X
ze ze	id. ze ze	id. e e	id. z Z
che che	id. che che	id. e e	id. ch CH
gue gne	id. gne gne	id. e e	id. gn GN
bele	id. bele	id. e e	id. bl
kele kele	id. kele kele	id. e e	id. cl chl
fele fele	id. fele fele	id. e e	id. fl phl
guele	id. guele	id. e e	id. gl
pele	id. pele	id. e e	id. pl
bere	id. bere	id. e e	id. br

---

(1) Lire et expliquer suffisamment art. 9, 10 et 11.

et ainsi de suite jusqu'à la fin des c. 16, 17, et pour les c. 18, 19, v. art. 17, 33.

La personne qui démontre prononce *finement* les mouvements de ce 6ᵉ exercice ; chaque Elève à son tour répète id. ; autant de fois que possible. 3ᵉ quart comme le 1ᵉʳ ; 4ᵉ, comme le 2ᵉ ; 5ᵉ, faire écrire demi gros avec plume sur papier.

55. Quand les Elèves sauront le 6ᵉ exercice prononcé *finement*, ils sauront lire, car ils sauront la prononciation *parlée* des lettres comme l'exécutent les personnes qui lisent parfaitement. Ils liront aussi parfaitement : lentement d'abord, rapidement dès qu'ils auront quelques jours d'exercice. L'exercice, c'est la seule chose qui leur manque : ils l'acquerront dans les leçons suivantes.

La Méthode, la découverte de la prononciation *parlée* des lettres alphabétiques, gît donc dans ce 6ᵉ exercice. (1)

56. Beaucoup de personnnes prévenues contre tout ce qui est nouveau, promet et donne un progrès, diront et croiront qu'il est impossible de prononcer ainsi que le dit l'art. 54 ; que cette prononciation est insaisissable puisqu'elle est souvent inarticulée : qu'elles se détrompent : non-seulement cette prononciation est possible, mais encore elle est facile à saisir, à exécuter par tout le monde, par les enfants surtout, parcequ'ils n'ont rien à désapprendre : l'expérience, juge irrécusable qui détruit bien des préventions, l'expérience a prouvé à l'auteur de la Méthode dont s'agit que tous les Elèves, les plus jeunes et les moins intelligents comme les autres, saisssent et exécutent parfaitement, étonnamment, et comme par enchantement cette prononciation du 6ᵉ exercice, quand ils savent bien celle du 2ᵉ, et il est convenu, Règle Générale, qu'il ne faut quitter un Exercice qu'alors qu'il est bien su : l'expérience prouvera bientôt la même chose à tout le monde. On conçoit qu'un Elève, jeune ou âgé, qui ne sait rien, apprend mieux la prononciation *parlée*, car il n'a rien à désapprendre. . . . .

57. Montrer les c. 16, 17, et dire : voilà les *mouvements inséparables* ; ajouter : dans les mots, un mouvement entre deux sons va toujours avec le son qui est après ; il va sans dire qu'il en est de même du mouvement initial ; quant au final, nous avons dit, art. 19, qu'il est généralement muet, v. art. 59 ; (l'accent est *toujours* une limite infranchissable) ; deux mouvements entre deux sons, vont : le 1ᵉʳ avec le son qui est devant ;

---

(1) Ainsi, on le voit, toute la Méthode consiste : 1° à faire apprendre les sons comme il a été dit dans les 1ᵉʳ, 3ᵉ, 4ᵉ et 5ᵉ exercices ; 2° à faire prononcer les mouvements d'abord *grossièrement*, ensuite *finement* ; 3° à noter les lettres qui ont plusieurs valeurs différentes.

le 2e, avec le son qui est après ; mais les *mouvements inséparables* ne doivent jamais être comptés, *ça va sans dire*, que pour un seul mouvement. D'ailleurs, les Elèves, pratiquant et devinant ceci d'eux-mêmes et sans qu'on le leur ait jamais dit (tant la Méthode est Naturelle et parfaite), auront rarement besoin de cette explication.

58. Demander aux Elèves quels sont les mouvements inséparables ? Après qu'ils les auront plusieurs fois montrés avec une baguette (car on ne montrera pas autrement), ils les sauront bientôt par cœur, s'il est vrai qu'il n'y ait que *l* et *r* qui soient inséparables du ou des mouvements qui précèdent immédiatement. Toutefois il n'est pas nécessaire qu'ils soient sus par cœur.

16e et 17e Leçons. Comme la 15e ; en outre lire art. 1 à 19, 24 et surtout appuyer suffisamment sur art. 7 et 10.

18e Leçon. 1er quart, 5e exercice dans tous les sens et art. 6, 7, 8 et 24.
       2e id... 6e id.................................1, 9 à 19.

3e quart, art. 20 et on dit tout d'un trait :.............. { c. 20 chaque Elève à son tour répète *id.* / 22 id........................ / 23 id........................ }

4e id............... { c. 27 id........................ / 28 id........................ / 29 id........................ / 30 id........................ / 31 id........................ / 32 id........................ } (1)

5e quart, comme à la 15e leçon ; mais se conformer à l'art. 41.

19e Leçon, comme la 18e.

59. 20e Leçon. 1er quart, comme à la 18e leçon.
       2e id.. ....

3e quart, art. 21, 22, 23, 57, et on dit tout d'un trait :...... { c. 21 chaque Elève à son tour répète *id.* / 24 id........................ / 25 id........................ / 26 id........................ } (1)

4e quart, 6e exercice dans tous les sens et art. 1, 9 à 19.

5e id... comme à la 18e leçon.

21e Leçon, comme la 20e.

60. 22e Leçon. 1er quart, exercer avec les deux planchettes (v. art. 34, 35, 37), sur les c. 1 à 32 : on tirera un excellent parti de ces deux planchettes, en en faisant un usage judicieux, fréquent et ingénieux le plus possible. On mettra c et g tantôt devant a, o, u ; tantôt devant e, i, ou y, afin d'obtenir tantôt la 1re tantôt la 2e prononciation *parlée* de c et de g ; v. art. 9 et 10. 2e quart, comme le 2e de la 18e leçon ; 3e, comme le

---

(1) Avant de dire ces c. on essaiera de les faire dire sans guide à chaque Elève à son tour. L'art. 44 doit être appliqué ici et dans tous les cas où l'Elève sera arrêté, embarrassé.

1er de cette 22e leçon ; 4e quart, on dit tout d'un trait c. 33, chaque Elève à son tour répète idem (1). 5e quart, comme à la 18e leçon.

61. 23e Leçon. 1er quart, faire dire tout d'un trait à chaque Elève à son tour c. 34
  2e id...35
  3e id...36
  4e id exercer avec les 2 planchettes sur les c.......1 à 32
  5e id 1° faire écrire demi fin avec plume sur papier ; 2° prononcer tantôt un mot, tantôt un autre pris au hasard, et prier tantôt un Elève, tantôt un autre de prononcer (prononciation *parlée* s'entend) et de montrer en même temps sur la Méthode les lettres qui le composent : dix minutes pour l'écriture ; dix, pour le reste ; ce sera cinq minutes de plus.

  24e Leçon. 1er quart, exercer avec les 2 planchettes sur les c......1 à 32
  2e id. faire dire tout d'un trait à chaque Elève à son tour c. 37
  3e id...38
  4e id...39
  5e id. comme à la 23e leçon.

  25e Leçon. 1er id. faire dire etc............................c. 40
  2e id...41
  3e id...42
  4e id...43
  5e id. comme à la 23e leçon.

  26e Leçon. 1er id. faire dire etc.,.........................c. 44
  2e id...45
  3e id...46
  4e id...47
  5e id. faire écrire, sous la dictée, en fin ou demi fin, avec
    plume sur papier.

  27e Leçon. 1er id. faire dire etc...........................c. 48
  2e id...49
  3e id...50
  4e id...51
  5e id. comme à la 26e leçon.

  28e Leçon. 1er id. faire dire etc...........................c. 52
  2e id...53
  3e id...54
  4e id...55
  5e id. comme à la 26e leçon.

  29e Leçon. 1er id. faire dire etc...........................c. 55
  2e id...54
  3e id...53
  4e id...52
  5e id. comme à la 26e leçon.

  30e Leçon. 1er id. faire dire etc...........................c. 51
  2e id...50
  3e id...49
  4e id...48
  5e id. comme à la 26e leçon.

62. 31e Leçon. 1er et 2e quarts, faire lire dans un livre quel-

---

(1) Comme à la page 12.

conque (1) chaque Elève à son tour, pendant que les autres suivront très-exactement; un exemplaire de ce livre sera entre les mains de chaque Elève. Pour se convaincre qu'ils suivent exactement, on fera dire, de temps en temps, le mot suivant; il faudra que l'Elève qui lit s'arrête net, quand la personne qui démontre dira : *Un tel, le mot suivant;* après que ce mot et quelques uns de plus, si on le juge à propos, auront été dits, on dira à l'Elève qui lisait : *continuez,* et il le fera aussitôt; si *le mot suivant* n'a pu être dit, on reconnaîtra par là que l'Elève ne suivait pas (v. art. 39); s'il récidive, au lieu de le punir, on se bornera à le priver de la récompense quelconque que l'on accordera aux autres à titre d'encouragement(2); 3e quart, comme le 5e de la 26e leçon ; 4e, comme les 1er et 2e de cette 31e leçon.

63. 32e LEÇON, comme la 31e; toutefois, on ne fera pas lire la même chose, on ira toujours en avant. Pour détruire toute appréhension, ignorance, préjugé, ou prévention, on dira que ce que l'on n'a pas encore lu est *aussi facile* que ce que l'on a déjà lu, par la raison toute simple, ajoutera-t-on, que toutes les pages de tous les livres du monde, ne sont écrites qu'avec les 25 lettres de l'alphabet; et que, puisque nous savons la valeur, la prononciation *parlée* de ces 25 lettres, nous devons la savoir et nous la savons partout et toujours, dans tous les livres, dans toutes les pages de tous les livres...

33e à 40e LEÇONS, comme la 32e.

64. NOTA. Depuis la 1re leçon jusqu'à la 25e inclusivement, donner pour l'écriture un seul modèle en très-gros caractères (anglaise) tracés soit à l'encre sur papier ou carton, soit à la craie sur un tableau de mathématiques, (c'est-à-dire, tableau de bois poli et noirci) ; un seul modèle, quand même il y aurait cent Elèves. Ce papier, carton ou tableau sera fixé en face des Elèves au mur, sur un chevalet ou autrement.

Au besoin, les caractères et les mots en anglaise de la Méthode pourront servir de modèle d'écriture, sauf à en augmenter ou diminuer la force.

Afin que l'attention des commençants ne soit distraite par aucun objet et que les Sons et les Mouvements *en caractères romains* frappent seuls leur vue, on couvrira (pendant les 15 pre-

---

(1) Attendu que l'on dit au Palais : *Nul n'est censé ignorer la loi;* nous conseillons de faire lire le Code Civil et le Code Pénal. Cette lecture serait aussi d'une grande utilité.

(2) L'expérience a démontré que l'encouragement le plus efficace, est, pour de jeunes enfants, les bonbons, les petits gâteaux, les marrons, etc., etc.... ce moyen fait merveille, s'il est habilement employé. On pourra l'essayer ici et dans toutes les autres Leçons.

mières leçons) de bandes ou feuilles de papier tout ce qui est étranger à ces sons ou mouvements et qui se trouve auprès, à gauche et au-dessous.

L'auteur de la Méthode Naturelle ne s'est nullement occupé de faire le procès des autres Méthodes, parce que toutes, malgré leur imperfection, ont été utiles en faisant faire un pas à l'Enseignement et en tendant vers la perfection. Il n'a point non plus, suivant un usage banal et absurde, fait le panégyrique de sa Méthode, parce qu'on ne peut être juge et partie : il a laissé ce soin à qui de droit. C'est au Public de décider si la Méthode Naturelle a atteint son but : *le dernier degré de perfection et de simplicité dont est susceptible l'Enseignement de la Lecture*, c'est-à-dire, si, *par la Méthode Naturelle,* ON SAIT LIRE DÈS QUE L'ON SAIT L'ALPHABET.

Si l'arrêt du Public est affirmatif, l'auteur sera heureux d'avoir atteint à son but : *but d'Utilité Publique.*

IMPRIMERIE DE PH. CORDIER,
Rue du Ponceau, 24.

9 782019 226695